EINE WAHRE GESCHICHTE

Sag nur ein Wort

JOANNA IMMANUEL

SAG NUR EIN WORT

Eine wahre Geschichte

Joanna Immanuel

ISBN: 9798848403374
Imprint: Independently published

Sag nur ein Wort

FÜR
DICH

WIDMUNG

Liebe Leserin, lieber Leser,
Ich widme dir dieses Buch.

Schon so lange wollte ich es für dich schreiben. Bitte verzeih, dass ich es nicht schon viel früher getan habe.

Ich erzähle dir eine Geschichte.
Eine wahre Geschichte.
Eine Geschichte, die das Leben selbst geschrieben hat.

Mit diesem Buch schenke ich dir einen kostbaren Schlüssel.

Ich schenke dir ein Wort.

Ein Wort, das mein Leben einschneidend verändert hat.

Willst du es auch für dich entdecken?

Es ist ein geheimer Universal-Schlüssel. Er passt auch für die Schlösser deines Lebens!

Ich vertraue darauf, dass er genau rechtzeitig zu dir kommt - weder zu früh, noch zu spät.

INHALT

INHALTSVERZEICHNIS

Widmung.......................................1
Inhaltsverzeichnis...............................3
Danksagungen..................................9
Vorwort...17
Eine wahre Geschichte......................21
Wenn es eigentlich am schönsten ist...29
Aufbruch in ein neues Leben............33
Warum nur?....................................39
Das dumpfe Gefühl...........................47
Und wie ging es weiter?...................51

Eine Stunde später..........................57
Endlich!..63
Doch dann......................................69
In jeder Lage..................................75
Danke..81
„Machen Sie sich keine Sorgen!".......87
Frieden..93
Das war noch nicht das Ende............97
Luftpost von Gott?.........................103
Aber es ging noch weiter... 109
Wie ein Kind!.................................115
Das Geheimrezept...........................123
Sag nur ein Wort............................129
Sag nur ein einziges Wort.................135
In der Stille angekommen.................143
Henry und der Herzensschrei............151
Selbst ein Blinder...........................159
Nur Mut! 167
Und Henry? 177
Und mein Herz schwebt! 161
Sagst du ein Wort? 181
Über die Autorin.............................185
Nachwort..193

ANHANG....................................197
1. Ich verwende den Schlüssel.........199
2. Danke!......................................205
3. Weitere Schlüssel-Worte................211
4. Heilungen und Wunder................217
5. „Was soll ich für dich tun?"..............223
6. Das Wort.....................................229
Persönliche Notizen..........................231
Geschenk für dich!...........................237
Weitere Ressourcen (auf Englisch)......241

DANKE!

DANKSAGUNGEN

Mein erstes ganz herzliches DANKE geht an meinen lieben Schatz und Ehemann.

Danke, dass du an mich glaubst und mir immer wieder sagst, dass ich mein Buch doch schon längst geschrieben haben könnte und fragst, wie lange ich denn noch damit warten will.

Nun habe ich es also endlich geschafft und diese Geschichte in den Computer getippt!

Danke für deinen liebevollen Humor und deine bedingungslose Annahme - und dafür, dass du dich kein einziges Mal beschwert hast, wenn ich über dem Schreiben mal wieder vergessen habe, dir rechtzeitig ein Abendessen zu kochen.

Wie oft musstest du dich in letzter Zeit mit einer einfachen Scheibe Brot zufrieden geben, wenn du nach einem langen Arbeitstag sowieso schon viel später als ursprünglich geplant nach Hause gekommen bist und dann manchmal sogar noch feststellen, dass ich auch noch vergessen hatte, überhaupt Brot einzukaufen, wie ich es dir eigentlich versprochen hatte...

Wie oft findest du mich mit zerzausten Locken, tintenbefleckten Fingern und einem meiner mindestens sieben farbenfrohen, überall im Haus verteilten LAMY-Füller in der Hand völlig vertieft am Schreibtisch vor, sichtlich erstaunt darüber, dass es tatsächlich schon wieder so spät ist...

Statt dich von deinem Tag erzählen zu lassen und dir zuzuhören, beklage ich mich dann auch noch darüber, dass das inzwischen vierte Paperblanks-Tagebuch in diesem Jahr tatsächlich auch schon wieder fast voll ist, obwohl es doch erst August ist…

Schatz, ich brauche übrigens schon wieder ein neues Tagebuch!

DANKE, dass du so unendlich geduldig mit mir bist und dass ich bei dir ganz ich selbst sein darf. Ich liebe Dich!

Ein ganz dickes Danke geht auch an meine Familie: meine liebe Schwester und meine beiden wundervollen Nichten, die alle drei richtig tolle Menschen sind und die mich sowohl mit grandiosen Formulierungen, als auch mit schonungslos ehrlicher konstruktiver Kritik unterstützt haben.

Danke, dass ihr mich mit Ermutigungen angefeuert habt, die mein Herz schneller schlagen ließen, so dass dieses Buch heute gerade noch rechtzeitig vor meiner Deadline das Licht der Welt erblicken kann.

Zu diesem Dream-Team gehört auch meine liebe Mutti, die mich mit ihrer ermutigenden Rückmeldung absolut verblüfft hat! DANKE!

Ja, ihr seid mein Dream-Team! Und ja, das nächste Buch erscheint dann mit dem grauen Einband - versprochen!

Ein ganz besonders dickes Danke geht außerdem an meine liebe Herzensschwester Dani. Danke, dass du schon seit so vielen Jahren die Vision meiner Bücher gemeinsam mit mir trägst, mich immer ermutigst, mir immer die Wahrheit sagst und dass ich schon seit so vielen Jahren so unglaublich viel von dir lernen darf.

DANKE, dass du für dieses Buch in den letzten Tagen die geduldigste Geburtshelferin warst, die eine werdende Autorin sich wünschen kann. Ich schätze dich sehr und hab dich sehr lieb.

☙ ☙ ☙ ☙ ☙

Nicht zuletzt danke ich auch all meinen lieben anderen Freundinnen und Freunden und meiner Schwägerin, die sich immer wieder die Zeit genommen haben, mir während dem Entstehungsprozess Rückmeldungen zu geben und auch die technischen Dinge für mich zu prüfen.

DANKE, dass ihr für mich da wart!

☙ ☙ ☙ ☙ ☙

Hier ist es also, mein erstes kleines Buch!

Viel Spaß beim Lesen!

VORWORT

VORWORT

Plötzlich geschieht etwas völlig Unerwartetes und bringt deine Pläne, vielleicht sogar dein ganzes Leben durcheinander...

Du kannst es nicht kontrollieren.
Es passiert einfach.
Sorgen und Fragen überwältigen Dich.

Was nun?

Wenn genau das passiert, was du am meisten gefürchtet hast oder was definitiv am allerwenigsten geschehen sollte...

Wenn du die ständigen „Was, wenn…"-Fragen in deinem Kopf einfach nicht abstellen kannst…

Wenn hoffnungslose Gedanken, Nöte und Ängste dich immerzu quälen…

Was tun, um diesen keine Chance mehr zu geben?

Finde es heraus!

Diese wahre Geschichte erzählt, wie sich mit Hilfe nur eines einzigen Wortes das Blatt wenden kann!

EINE WAHRE GESCHICHTE

EINE WAHRE GESCHICHTE

Sicherlich ist es dir auch schon einmal so gegangen...

Eigentlich scheint in deinem Leben gerade alles glatt zu laufen, doch dann geschieht plötzlich etwas völlig Unvorhergesehenes und schon fährst du endlose Runden im Gedanken-Karussell der „Was, wenn?"-Fragen und findest einfach den Absprung nicht,... geschweige denn, dass das Karussell jemals freiwillig anhalten würde!

Warum auch?

Es scheint grausamen Spaß daran zu haben, sich immer weiter und weiter zu drehen... und zu drehen... und zu drehen... Kleine und vielleicht auch größere Horror-Szenarien spielen sich unaufhörlich wie Kurzfilme vor deinen inneren Augen ab.

Angsterfüllte Fragen schießen wie Kugeln aus einem Luftgewehr ununterbrochen durch deinen Kopf. Sie rauben dir deinen im Rückblick ach so sehr geliebten Seelenfrieden.

Du sehnst dich nach der rosaroten Ahnungslosigkeit zurück, in der du doch nur wenige Minuten zuvor noch so friedlich geschwebt hast, als diese Gedanken dich noch nicht quälten.

Was tust du, um diesen Teufelskreis zu durchbrechen?

Vielleicht hast du - wie ich - schon einmal am anderen Ende der Welt an einem Flughafen gesessen und darauf gewartet, dass du an Bord eines von dir gebuchten Flugzeugs gehen kannst, um nach einem herrlich erholsamen Urlaub die Heimreise anzutreten und in dein "normales" Leben zurückzukehren, nur um dann zu hören, dass dein Flug Verspätung hat und du noch mindestens eine Stunde (oder auch zwei?) länger warten musst, bis es endlich Richtung Heimat losgehen kann?

Sorgenvolle Gedanken schlagen ein wie der Blitz und überwältigen dich. Du kannst ihnen nicht entfliehen. Du bist ihren Schrecken wehrlos ausgeliefert, denn es gibt da eben nun einmal keine andere Möglichkeit, um rechtzeitig nach Hause zu kommen (oder wo auch immer du gerade dringend hinmusst).

Vielleicht ist dein Zeitplan sehr knapp kalkuliert und diese Verspätung bringt deine Pläne durcheinander.

Du fragst dich, warum die Dinge gerade heute so aus dem Ruder laufen müssen, wo du doch gerade heute nicht zu spät kommen darfst, weil du doch - jetzt, wo der kostbare Urlaub vorbei ist - gleich am nächsten Morgen wieder pünktlich bei der Arbeit erscheinen musst.

Ja, genau das ist mir schon passiert. Und nicht nur einmal.

Es gab jedoch dieses eine Mal, das ich nie mehr vergessen werde. Dieses eine Mal hat mein Leben verändert und ist für immer fest in meinem Gedächtnis verankert, denn das war der Moment, in dem ich das Geheimrezept gelernt habe, wie ich Sorgen und Ängste vollständig überwinden kann.

Heute will ich dir diese Geschichte erzählen.

Eine wahre Geschichte, die das Leben selbst geschrieben hat.

Eine Geschichte, die auch dir das Geheimnis enthüllen kann, wie du jede noch so kleine oder große Sorge oder quälende Frage überwinden kannst, weil vielleicht auch du dich manchmal (oder sogar häufig?) von Sorgen und Ängsten wie überwältigt fühlst.

Bist du bereit?

WENN ES EIGENTLICH AM SCHÖNSTEN IST

WENN ES EIGENTLICH AM SCHÖNSTEN IST

Wie die Dinge nun einmal im Leben sind, geht jeder fantastische Urlaub eines Tages zu Ende und du musst gerade dann nach Hause, wenn es eigentlich am Schönsten ist.

Ich hatte 12 wundervolle Tage im Haus meiner entfernten amerikanischen Verwandten in den Wäldern von Baldwin in Michigan verbracht, wohin ich meine geliebte, inzwischen weit über 90jährige Omi begleitet hatte.

Sie hatte mir auf unserer Reise eindrückliche Geschichten aus ihrem Leben erzählt, Geschichten voller Romantik, Tragik und Spannung, wie sie nur das Leben selbst schreiben kann…

Einige davon wirst du in meinem nächsten Buch lesen können. Halte nach dem Titel „Ich liebe du" Ausschau! Du wirst nicht enttäuscht sein, denn Omis Liebesgeschichte wird dich mehr zittern, weinen und lachen lassen, als der letzte Film, den du im Kino gesehen hast, denn sie ist keine aus einer blühenden Fantasie geborene Fiktion, sondern wahr.

AUFBRUCH IN EIN NEUES LEBEN

AUFBRUCH IN EIN NEUES LEBEN

Aber zurück zum heutigen Thema, zurück zu dem Moment, der mein Leben verändert hat und dem Wort, das alles entscheidend für mich war und es auch für dich sein kann...

Während unserer Hinreise nach Michigan erzählte Omi mir die romantische Geschichte ihrer Großkusine, die im zarten Alter von nur 17 Jahren ganz allein von Deutschland aus aufgebrochen war und über Ellis Island in die USA eingewandert ist, um sich dort um eine kranke Tante zu kümmern.

Eine Hinreise mit dem Schiff, für die keine Rückreise vorgesehen war...

Was sind eigentlich ein bis zwei Stunden Wartezeit im Vergleich zu einer solchen Reise?

Ich kann mir gar nicht ausmalen, wie lange die Zeit an Bord des Schiffes für diese junge Frau gewesen sein muss - was meine entfernte Kusine gedacht und gefühlt haben muss, bei ihrem Aufbruch in ihr neues Leben.

Hatte sie ihre Tante überhaupt jemals zuvor gesehen?

War sie überhaupt der englischen Sprache mächtig?

Wie erging es ihr wohl, als sie zum ersten Mal in ihrem Leben die legendäre Freiheitsstatue erblickte, die sich vor der Skyline von Manhattan durch den aufsteigenden Frühnebel abzeichnete, als das Festland der Vereinigten Staaten von Amerika in fast greifbare Nähe kam?

Wie war es wohl für sie, als sie einige Tage oder sogar Wochen auf Ellis Island verbringen musste, bevor sie schließlich ihre Füße zum ersten Mal in ihrem Leben auf amerikanischen Boden setzen durfte?

Allein ihrer Geschichte nachzugehen, wäre sicher ein weiteres Buch wert, auch wenn es schon unzählige Ellis-Island Einwanderungs-Geschichten auf dem Markt gibt.

Für mich ist jedoch nur diese eine relevant, denn wenn diese mutige Großkusine vor vielen Jahren den Weg in die USA nicht angetreten hätte, wäre meine Omi in jenen Ferien sicher auch nicht mit mir in die USA gereist und dann hätte ich wohl niemals erlebt, was ich erlebt habe und was mein Leben so einschneidend verändert hat!

Hier die Kurzfassung:

Diese Großkusine lernte nach ihrer Immigration einen jungen Mann kennen, der damals ebenfalls aus Deutschland eingewandert war…

Die beiden heirateten und waren die Vorfahren unserer lieben Gastgeber Peter und Anna[1], die wir nun in Michigan besuchen durften und die Omi und mich auf dieser Reise unendlich verwöhnten.

Ich verdanke ihnen unvergessliche Erinnerungen!

[1] Die Namen wurden aus Datenschutzgründen geändert.

WARUM NUR?

WARUM NUR?

Die Tage in ihrem Häuschen im Wald, dem „Little Chalet", wie wir es liebevoll nannten, waren Tage herrlichen Sonnenscheins, der diesen Flecken Erde mitten im Wald bereits um Ostern herum großzügig verwöhnte.

Ich fand mich umgeben von wunderbar frisch duftenden Bäumen und dem fröhlichen Zwitschern der Vögel, die jeden Tag auf's Neue liebliche Melodien komponierten und mit ihrem Gesang unsere Tage verschönerten.

Es waren Tage des Friedens und der Freude, der liebevollen Gemeinschaft. Tage, an denen wir regelmäßig riesige Truthähne, in bunten Farben schillernde Vögel und abends sogar weiß getupfte Rehe beobachten konnten, die sich um das täglich eigens für sie großzügig zwischen den Bäumen aufgespannte Buffet tummelten.

Zum Leidwesen Peters blieb diese grandiose Futterstelle jedoch auch einer beeindruckenden, in den Wäldern um Baldwin hausenden Schwarzbärin nicht verborgen. Diese wagte sich mit ihren beiden Bärenjungen immer wieder einmal erstaunlich nahe an das Haus heran, um sich ihren Anteil zu ergattern. Sie stand Peters Erfindungsgeist in nichts nach und knackte jede seiner noch so hoch aufgespannten Futter-Konstruktionen…

Nicht nur hungrige Waldtiere und der von allen heiß geliebte Stubentiger, die kleine hübsche Fellnase Mocca, hatten es jedoch bei Peter und Anna gut.

Ich erinnere mich noch an so manch eine köstliche Mahlzeit, mit der Anna uns liebevoll verwöhnte. Der Tisch war stets überreich gedeckt und wir kamen in den Genuss so allerlei amerikanischer Gaumenfreuden, die in Deutschland bis heute kaum erhältlich sind.

Ein absolutes Highlight waren außerdem Omis berühmte, in stundenlanger Schweiß treibender Handarbeit geriebene bayrische Käsespätzle, während deren Zubereitung sie zugleich unter einer Flut von Tränen kiloweise Zwiebeln schnitt, welche anschließend einfach nur himmlisch dufteten, während sie da so - in einer großzügigen Portion köstlicher Butter beinahe ertränkt - in der Pfanne brutzelten...

Sicher ist nicht nur mir, sondern auch den ungefähr eine Meile entfernt wohnenden nächsten Nachbarn bei diesem Duft das Wasser im Mund zusammengelaufen. Du glaubst gar nicht, wie mir allein im Gedanken daran der Magen knurrt!

Auch die drei Kinder von Peter und Anna ließen sich dieses Festmahl um nichts in der Welt entgehen. Sie beehrten uns an diesem Tag mit ihren gesamten Familien mit ihrem Besuch und brachten - für den unwahrscheinlichen Fall der Fälle, dass anschließend vielleicht ein paar der köstlichen Spätzle übrig bleiben könnten - auch gleich ein paar Tupperware-Dosen mit...

Was für ein Fest!

Wie sehr ich aber auch einfach die warmen Frühsommertage genoss, an denen ich mich stundenlang draußen auf der Veranda ausruhen und nach Herzenslust schreiben konnte, während ich mich von der sanft wehenden Brise zärtlich streicheln ließ...

Unterbrochen wurden diese Tage der Ruhe in meiner Erinnerung ansonsten nur von kleineren Ausflügen in die traumhafte Landschaft um den Lake Michigan und Einkaufsfahrten zu den nahegelegenen

Supermärkten und Farmer's Markets, auf denen wir unglaublich leckere Melonen und Maiskolben einkauften.

Und dann waren da noch die Sonntage, an denen wir meist sogar morgens und abends zu der kleinen Kirchengemeinde in Baldwin aufbrachen, wo wir gemeinsam wunderschöne, tief das Herz berührende alte Hymnen sangen und andächtig den Worten des Pastors lauschten, der uns in seinen Predigten ein Bibelwort erschloss, das ihm besonders wichtig geworden war...

Nicht zuletzt aber waren es auch zwölf wundervolle Tage, an denen ich meine Omi lachen sah - so fröhlich und ausgelassen hatte ich sie selten zuvor erlebt... Sie war wie ein anderer Mensch!

Oh wie sehr ich diesen Ort lieb gewonnen hatte! Dies waren buchstäblich Tage des Glücks, die Balsam für meine ausgezehrte Seele waren.

Was für eine wohltuende Pause nach einer langen, anstrengenden und auch emotional sehr zermürbenden Zeit der kurze Urlaub in dieser Oase doch gewesen war.

Ach, warum musste der letzte Tag nur so schnell kommen?

DAS DUMPFE GEFÜHL

DAS DUMPFE GEFÜHL

Als ich Anna, Peter und Omi am Flughafen in Grand Rapids zum Abschied noch einmal umarmte, ließ mich das schreckliche dumpfe Gefühl nicht los, dass dies das letzte Mal gewesen sein könnte, dass ich das großartige Privileg genossen hatte, eine solch paradiesische Zeit in ihrem Heim zu verbringen, dass ich sie vielleicht nicht wiedersehen würde - jedenfalls nicht in diesem Rahmen, alle zusammen. Sie hatten mir soviel Liebe, Akzeptanz und Wärme geschenkt, dass ich auf die gemeinsam verbrachten zwölf Tage mit außerordentlicher Dankbarkeit zurücksah...

Aber der Abschied war echt hart.

Auch ließ ich meine liebe Omi bei den beiden zurück, da sie noch ein wenig länger bleiben konnte, während ich bereits am Montag wieder bei der Arbeit sein musste. So trat ich die lange Rückreise über „den großen Teich" nach Deutschland ganz alleine an.

Ein letzter sehnsüchtiger Blick zurück, ein letztes wehmütiges Lächeln, ein letzter gehauchter Luft-Kuss, ... und dann war ich durch die Automatik-Türen nach dem Check-in verschwunden. Ich hatte Mühe, meine Tränen zurückzuhalten und den dicken Kloß herunterzuschlucken, der sich in meinem Hals gebildet hatte und sich nun irgendwo in der Magengegend niederließ...

UND WIE GING ES WEITER?

UND WIE GING ES WEITER?

Es war Samstagnachmittag und ich musste früh am Montagmorgen wieder arbeiten. Ein langer internationaler Flug mit zwei Anschlüssen lag vor mir und ich würde auf dem Weg durch die Zeitzonen über den Ozean zurück nach Europa einen halben Tag verlieren. Da blieb nicht viel Zeit, um sich gemütlich von meinen Ferien zu verabschieden...

Ich wollte versuchen, im Flugzeug so viel zu schlafen, wie nur irgend möglich.

Doch dann geschah es, das Unvorhergesehene.

Ich saß bereits in der Nähe des Flugsteigs und war bereit an Bord zu gehen, als meine Flugnummer über die Lautsprecher ausgerufen wurde... Oh nein! Mein Flug würde mindestens eine Stunde Verspätung haben!

Das war der Moment, in dem sorgenvolle Fragen wie kleine Granaten-Explosionen meine Gedanken bombardierten:

Was, wenn ich nicht rechtzeitig in Detroit ankomme, um meinen Anschlussflug noch zu erwischen?

Was, wenn dann auch noch in Amsterdam mein Anschlussflug weg ist?

Was, wenn ich am Sonntag nicht mehr nach Hause komme?

Was würde wohl mein Chef sagen, wenn ich am Montag nicht pünktlich zur Arbeit erscheine?

Folgendes schrieb ich ein bis zwei Stunden später in mein Tagebuch:

Endlich an Bord... Mein Flug von Grand Rapids nach Detroit hat nun eine gute Stunde Verspätung. Ich hoffe, ich bekomme meine Anschlussflüge nach Amsterdam und Stuttgart noch...

Danke Papa, dass ich einen Sitzplatz vorne im Flugzeug bekommen habe und dass niemand in der Mitte sitzt, so habe ich viel Platz.

Danke, dass du bei mir bist und für deine Gegenwart hier.

Danke, dass du mir auf dieser Reise Gnade schenkst.

Danke, dass du die Kontrolle hast.

Danke, dass ich niemals wirklich alleine bin.

Danke für die wunderschöne Zeit, die hinter mir liegt und all die Erfahrungen, die ich in den letzten Tagen machen durfte.

Danke, dass du mein Reisebegleiter bist.

Danke für die nächsten 12 Stunden der ungeteilten Gemeinschaft mit dir.

EINE STUNDE SPÄTER

EINE STUNDE SPÄTER...

Zoome hinein in die riesige, unglaublich lange Halle am Flughafen in Detroit (der einer der größten und lautesten Flughäfen der USA ist!) und du kannst mich buchstäblich rennen sehen.

Ich renne vom Inlands-Flugsteig A19, an dem mein Flugzeug schließlich mit gut einstündiger Verspätung gelandet war, zum Flugsteig A69, wo mein internationaler Anschlussflug abfliegen soll, und zähle dabei die Zahlen hoch.

Ja, es gibt da solche Fließbänder in den Gängen, die mich eigentlich schneller voranbringen sollten, ...

Aber warum müssen die Leute unbedingt darauf STEHEN, anstatt sich auf ihnen fortzubewegen? Sie bemerken gar nicht, dass sie dadurch nervenaufreibende zusätzliche Hindernisse bilden, an denen ich in meiner Eile irgendwie schnell vorbeikommen muss...

Völlig außer Atem komme ich schließlich am Flugsteig an...

Hurra! Ein paar letzte Leute stehen noch an! Was für eine Erleichterung! Ich scheine es gerade noch geschafft zu haben! Danke, Papa!!

Völlig verschwitzt und immer noch nach Luft ringend sinke ich nur wenig später in den mir zugewiesenen Sitz in diesem riesigen, randvoll besetzten Flugzeug, das mich die lange Reise über den Atlantischen Ozean zurück nach Europa bringen soll.

Ich sitze eingepfercht zwischen zwei Fremden, die mindestens doppelt so groß, schwer und umfänglich sind wie ich und die leider auch nicht wirklich besser riechen als ich...

Ich versuche, eine einigermaßen erträgliche Sitzposition zu finden, in der es nicht ganz undenkbar ist, zumindest ein bisschen Schlaf zu bekommen.

Dennoch bin ich unglaublich erleichtert: Ich habe es gerade noch geschafft!

Halleluja!

Doch dann - obwohl wir inzwischen schon eine gefühlte Ewigkeit sitzen - bewegt sich das Flugzeug nicht.

Auch eine Stunde später steht es immer noch völlig still.

Es gibt wohl irgendeine Art technisches Problem, wie uns nach einiger Zeit über die Lautsprecher mitgeteilt wird.

Mein Puls ist inzwischen längst wieder zur Ruhe gekommen und ich wünschte, ich hätte am Flughafen Zeit gehabt, mich ein wenig frisch zu machen bevor ich an Bord ging.

Was würde ich jetzt für eine warme Dusche geben und für eine Scheibe frisch gebackenes Vollkornbrot mit Butter, Käse, Salat, Tomate, … und für (m)ein Bett!

ENDLICH!

ENDLICH!

Als die Flugzeugmotoren nach einer gefühlten Ewigkeit endlich doch noch aufheulen und die monströse Maschine zum Erzittern und schließlich zum Rollen bringen, heben wir stark schwankend ab.

Nach acht oder neun Flugstunden in eingepferchter Sitzposition landen wir dann in Amsterdam.

Wo das Rennen erneut losgeht.

Dieses Mal ist es jedoch leider aussichtslos: Mein Anschlussflug ist weg.

Der junge Mann, der ähnlich außer Atem wie ich eine Viertelsekunde vor mir am Schalter ankommt, überbringt mir die grausame Nachricht. Im Vergleich zu mir hat er jedoch gerade noch Glück im Unglück. Er kann auf den nächsten Flug umgebucht werden...

Dieses „Glück" bleibt mir verwehrt:

- „Es tut mir sehr leid, Miss. Aber der nächste Flug nach Stuttgart ist schon überbucht. Ich kann Ihnen leider keine Bordkarte geben. Heute kommen Sie hier wohl nicht mehr weg."

Ich sehne mich nach nichts mehr als nach etwas zu essen und meinem Bett. Ich habe Mühe, die Augen offen zu halten. Fast 24 Stunden sind inzwischen vergangen, seit ich mein herrlich warmes Bett in Michigan zurücklassen musste...

Gefühlt vor einer halben Ewigkeit in einer anderen Welt!

Den Tränen nahe, versuche ich diese Nachricht zu verdauen - und die Konsequenzen zu begreifen, die diese Botschaft für mich haben würde.

Schließlich reiße ich mich zusammen und hole mein Tagebuch hervor.

Ich schreibe:

Wow. Es ist inzwischen Sonntagmittag und ich bin in Amsterdam gestrandet. Beide meiner Flüge waren stark verspätet.

Ich bin sowohl am Flughafen in Detroit als auch hier in Amsterdam einen kleinen Marathon gelaufen, um den Anschlussflug noch zu erwischen…

Leider war der Flugsteig hier schon geschlossen und mein Flugzeug bereits am Abheben.

Nächste schlechte Nachricht: Das einzige Flugzeug, das heute noch nach Stuttgart fliegt, ist bereits überbucht und das nächste geht erst morgen. So werde ich wohl nicht rechtzeitig zuhause sein, um es noch pünktlich zur Arbeit zu schaffen…

DOCH DANN

DOCH DANN...

Als ich verzweifelt und unendlich erschöpft da so sitze, fällt mein Blick plötzlich auf den Regenbogenfarbenen Ring an meinem Finger: „GOD'S PRINCESS" steht in Großbuchstaben darauf geschrieben.

Gottes Prinzessin?!

Was bedeutet denn das eigentlich?

Ich hatte den Ring am Vortag gekauft, als Stacey, eine der beiden Töchter von Anna und Peter, mich zu einem christlichen Buchladen mitgenommen hatte.

Stacey hatte mir dort die schöne englische Bibel mit braun-rosa Ledereinband geschenkt, die ich mir eigentlich hatte kaufen wollen.

Sie hatte sogar meinen Namen auf dem Einband eingravieren lassen! Was für eine wundervolle, großzügige Überraschung!

Ich hatte mich tatsächlich fast wie eine Prinzessin gefühlt - so reich gesegnet und beschenkt - und schließlich von dem Geld, das ich nun dank Stacey's Großzügigkeit übrig hatte, diesen herrlich in allen Farben des Regenbogens leuchtenden Ring gekauft.

Niemals mehr wollte ich vergessen, wie gut mein himmlischer Vater durch diese außerordentlich großzügigen Menschen zu mir gewesen war, die Gott so sichtbar von ganzem Herzen liebten und mich in den letzten beiden Wochen so königlich gesegnet hatten.

An meinem letzten Morgen in Michigan war dann auch noch der Pastor der kleinen Baptisten-Gemeinde in Baldwin zu unserem Haus in den Wäldern gekommen.

Er wollte vor meinem Abflug für mich beten und mir ein Wort mit auf den Weg zu geben.

Auch er hatte mich wie eine Prinzessin behandelt!

War er wirklich nur für mich den langen Weg in die Wälder gefahren, um mich zu segnen?!

Väterlich hatte er sich mir gegenüber auf einen Stuhl gesetzt, seine Brille auf der Nase zurecht gerückt und seine große schwarze King James Bibel auf seinem Schoß aufgeschlagen, aus welcher er mir dann diesen einen, überaus erstaunlichen Bibelvers zur Ermutigung mit auf den Weg gab, den ich niemals mehr vergessen sollte…

IN JEDER LAGE

IN JEDER LAGE...

Plötzlich erinnerte ich mich nun wieder an diesen Vers, als ich hier so saß, meinen „God's Princess"-Ring anstarrte und keine Ahnung hatte, ob ich noch rechtzeitig nach Hause kommen würde oder ob ich die Nacht gestrandet am Flughafen in Amsterdam verbringen müsste, da ich ja keine Bordkarte erhalten hatte:

> *Mach dir keine Sorgen! Du darfst in jeder Lage zu Gott beten. Sag ihm, was dir fehlt, und danke ihm!*

Vgl. Philipper 4:6, *Hoffnung für alle*

Das war der erste Teil des Wortes, das der Pastor mir mit auf den Weg gegeben hatte. Wow. Was für eine Aufforderung und Ermutigung für genau diesen Moment!

Mach dir keine Sorgen! Du darfst in jeder Lage zu Gott beten. Sag ihm, was dir fehlt, und danke ihm!

Vgl. Philipper 4:6, *Hoffnung für alle*

Zu danken hatte ich wirklich genug. Gott hatte mich in den letzten beiden Wochen überreich gesegnet und beschenkt.

Nun konnte ich mich entscheiden, Gottes Aufforderung nachzukommen und mir tatsächlich keine Sorgen zu machen.

Ich konnte mich entscheiden, seiner Einladung zu folgen und vertrauensvoll vor seinen Gnadenthron zu kommen.

Ich konnte ihm dafür danken, dass er auch in dieser Lage die Kontrolle hatte, auch wenn der Ausgang momentan für mich noch ungewiss war.

Ich konnte Gott dafür danken, dass er mich sein geliebtes Kind, ja sogar seine Prinzessin nennt!

Daran konnte auch ein verspätetes Flugzeug nichts ändern, ganz egal ob ich nun noch einen rechtzeitigen Anschlussflug bekommen würde oder mit Verspätung zur Arbeit kommen würde.

Gott hatte mir mit dem Wort, das der Pastor mir mit auf die Heimreise gegeben hatte, bereits vor Eintreten der widrigen Umstände Zuspruch und eine klare Anleitung zukommen lassen!

Da blieb mir nur noch, Mut zu fassen und zu vertrauen.

Und so nahm ich schließlich mein Tagebuch und schrieb hinein:

Danke Papa, dass du schon einen guten Sitzplatz für deine Prinzessin in diesem Flugzeug reserviert hast.

DANKE

DANKE

Hier der vollständige Eintrag:

Danke Papa, dass du nie zu spät kommst und dass du jetzt hier bei mir bist.

Danke, dass deine Gunst mir voraus geht.

Danke für den Snack, den ich als kleine Entschädigung hier in Amsterdam bekommen habe und dass ich ein wenig Zeit habe, um mir die Füße zu vertreten, bevor ich in das nächste Flugzeug steige.

Danke für diesen Moment, dass ich hier mit dir sitzen und in mein Tagebuch schreiben kann, nachdem es im letzten Flugzeug viel zu eng dafür war.

Danke, dass du mir nahe warst, während ich mit wohltuend sanften Worship-Melodien im Ohr versuchte, ein wenig Schlaf zu finden.

Danke, dass du immer die Kontrolle hast.

Danke, dass du jede Situation zum Guten wendest, wenn ich dir vertraue.

Danke, dass du Gnade für meine Reise schenkst und dass du bereits das Herz der Person vorbereitest, die ich gleich ansprechen werde, so dass ich noch eine Bordkarte für diesen letzten Flug heute bekommen kann.

Danke Papa, dass du schon einen guten Sitzplatz für deine Prinzessin in diesem Flugzeug reserviert hast.

„MACHEN SIE SICH KEINE SORGEN!“

„MACHEN SIE SICH KEINE SORGEN!"

Als ich diese Zeilen geschrieben hatte, sah ich hoch: Da war nun plötzlich eine Flugbegleiterin am Schalter des Flugsteigs, welcher bis zu diesem Moment noch völlig verlassen und dunkel ausgesehen hatte. Sie war beschäftigt und sah nicht besonders freundlich oder einladend aus...

Ich nahm all meinen Mut zusammen und ging trotzdem auf sie zu.

- „Excuse me, Madam,..." begann ich sie anzusprechen.

Es war seltsam: Ihr Gesicht fing plötzlich an zu leuchten und sie lächelte mich an.

Sie war mit irgendeinem Gerät beschäftigt, doch sie hörte mir zu während ich ihr erklärte, dass ich meinen Anschlussflug verpasst hatte, weil mein Flugzeug aus den USA mit so großer Verspätung in Amsterdam gelandet war und dass ich nun keine Bordkarte für den nächsten Flug nach Hause hatte, weil das Flugzeug schon überbucht war und dass...

Ich konnte meinen Satz nicht vollenden.

Die Flugbegleiterin schenkte mir ein noch größeres Lächeln und sagte:

- „Oh, Miss, machen Sie sich keine Sorgen. Ich habe gerade ihre Bordkarte gedruckt."

Mit diesen Worten überreichte sie mir das Papier, das sie gerade aus dem Drucker gezogen hatte.

Ich sah sie verblüfft an.

Dann schaute ich auf das Papier, das sie mir gegeben hatte.

Wie konnte das sein?

Es war tatsächlich eine Bordkarte und mein Name stand darauf!!! Ich hatte ihr meinen Namen doch überhaupt nicht genannt!

Wie konnte sie ihn wissen???

- „Wow, … thank you! …"

Überglücklich ging ich zu meinem Tagebuch zurück.

Ich schrieb:

Danke Papa!!! Danke, danke, danke, danke, danke! (…)

Danke für dieses freundliche Lächeln, mit dem mich diese nette Flugbegleiterin begrüßt hat, obwohl sie zuvor so unnahbar ausgesehen hatte.

Danke für ihre erstaunliche Antwort: - „Oh Miss, machen Sie sich keine Sorgen, ich habe Sie gerade für diesen Flug eingebucht!"

Und danke, dass sie mir buchstäblich zeitgleich eine Bordkarte überreichte, auf der schwarz auf weiß mein Name geschrieben stand!

Dabei hatte ich ihr meinen Namen doch überhaupt nicht genannt! Danke Papa, für deine unglaubliche Gunst!

Ich will dir immer vertrauen!!!

Gleich dürfen wir an Bord gehen - bald bin ich nun zuhause!

FRIEDEN

FRIEDEN

Dann wird Gottes Friede, der all dein Verstehen übersteigt, dein Herz und deine Gedanken bewahren, weil du mit Jesus Christus verbunden bist.

Vgl. Philipper 4:7, *Hoffnung für alle*

Das war der zweite Teil des Bibelwortes, das der Pastor mir mit auf den Weg gegeben hatte.

Was für ein unglaubliches Versprechen!

Gott verspricht, uns mit seinem unbegreiflichen göttlichen Frieden zu segnen, wenn wir ihn „beim Wort" nehmen und entsprechend handeln!

Was für ein unglaublicher Schlüssel die DANKBARKEIT zu sein schien!

Ich hatte nach seinem Wort gehandelt und erlebte nun unbeschreibliche Freude und großes Staunen - ganz zu schweigen davon, dass mir ein enormer Stein vom Herzen gefallen war!

Mein Herz floss über voll Dankbarkeit und ja, die zuvor ausgefochtenen Gedankenkriege waren vollständig zum Stillstand gekommen und Gottes Frieden hatte ihren Platz eingenommen.

Ich würde nun doch noch rechtzeitig nach Hause kommen!

DAS WAR NOCH NICHT DAS ENDE

DAS WAR NOCH NICHT DAS ENDE...

Nein, das war tatsächlich noch nicht das Ende der Geschichte.

Es schien fast so, als ob Gott an diesem Tag ganz sicher gehen wollte, dass ich seine Botschaft tatsächlich verstanden hatte.

Gott schien sicher gehen zu wollen, dass ich wirklich tief verstand, was es bedeutete, dass ich „seine Prinzessin" bin, dass ich tatsächlich mit Jesus Christus verbunden bin, als dessen unendlich geliebte und durch seine große Tat in Gottes Familie aufgenommene Braut!

Jesus hat sein Leben auf der Erde für uns niedergelegt und ist am Kreuz gestorben, um dem Tod den Stachel und damit auch allen Ängsten und Sorgen die Macht zu nehmen.

Jesus ist auferstanden und in den Himmel zurückgekehrt und hat uns seinen Heiligen Geist hinterlassen, so dass er alle Tage bei uns sein kann - bis an das Ende der Welt.

Jesus ermöglicht uns durch seinen Geist, denselben Zugang zu seinem Vater, den er es als Mensch hatte!

Jesus hat den Tod für uns besiegt und uns auf ewig mit sich selbst verbunden, wenn wir ihm nur glauben und vertrauen wollen.

Verstehst du diese Wahrheiten der Bibel?

Was für ein tiefes und doch so wunderbares Geheimnis, welches immer tiefer zu begreifen ich sicherlich noch Jahre benötigen werde!

Gott schien an diesem Tag auf jeden Fall sichergehen zu wollen, dass ich die praktische Wahrheit des Wortes, das er mir durch den Pastor am Morgen geschenkt hatte, so tief erfasste, dass ich sie nie mehr vergessen würde! Nie mehr!

Denn das war der Tag, an dem ich lernte, dass Gott es tatsächlich geradezu zu lieben scheint, wenn er sich uns beweisen darf, wenn wir ihn beim Wort nehmen und ihm vertrauen, dass er das, was er sagt, auch genauso meint.

Ja, das war der Tag an dem ich lernte, dass Gott es tatsächlich geradezu zu lieben schien, mir zu beweisen wie treu und wahrhaftig GUT er ist!

Das war außerdem der Tag, an dem ich lernte wie kostbar es ist, Gottes „Luftpost" anzunehmen!

Ich nahm mir vor, so oft ich kann zu Gott zu sagen: „Sag nur ein Wort..."

Ich glaubte, verstanden zu haben, dass wenn ich ihn „beim Wort" nehme, dieses Wort unglaubliche Kraft entfalten, meinen Seelenfrieden auf unvergleichliche Weise wiederherstellen und einen absolut großen Unterschied machen kann.

LUFTPOST VON GOTT?

LUFTPOST VON GOTT?

Aber zurück zu meiner Geschichte…

Als ich eine Weile später - als es schließlich an der Zeit war an Bord zu gehen - wieder an der freundlichen Flugbegleiterin vorbeikam und ihr stolz meine Bordkarte präsentierte, die schwarz auf weiß meinen Namen trug, erkannte sie mich sofort.

Sie schenkte mir ein riesiges Lächeln und sagte:

- „Oh Miss, ich habe Ihnen gerade eine neue Bordkarte ausgedruckt. Ich habe Ihnen einen besseren Sitzplatz gegeben!"

Wie eine Träumende nahm ich erstaunt die neue Bordkarte entgegen, dankte ihr und stieg in das Flugzeug ein. Ich kann jedoch nicht sagen, dass ich begriffen hätte, was da gerade passiert war...

An Bord des Flugzeugs sah ich dann, dass die freundliche Flugbegleiterin mir mit der neuen Bordkarte einen Sitzplatz bei den Notausgängen zugewiesen hatte - hier würde ich meine Beine weit ausstrecken und mich richtig breit machen können! Noch dazu war es ein Fensterplatz! Das war alles eigentlich zu wunderbar, um tatsächlich wahr sein zu können!

Dankbar ließ ich mich in den Sitz fallen, holte mein Tagebuch hervor und schrieb:

Nun sitze ich im Flugzeug. Danke Papa!

Das ist in der Tat ein GUTER (!) Sitzplatz, den du mir auf diesem Flug reserviert hast! Noch dazu ist es ein Fensterplatz - zum ersten Mal auf dieser Reise. Wie ich es liebe, beim Fliegen aus dem Fenster zu schauen und die Welt von oben sehen zu können!

Und der Platz neben mir ist auch noch frei - zumindest bis jetzt!

Du bist sooo gut, Gott!

Oh wie großzügig du mein Vertrauen belohnst!

ABER ES GING NOCH WEITER

ABER ES GING NOCH WEITER...

Doch das war immer noch nicht das Ende der Geschichte.

Als ob ich diese Lebenslektion immer noch nicht gut genug gelernt hätte...

Ich war gerade dabei, die obigen Zeilen in mein Tagebuch zu schreiben, als ich bemerkte, wie eine Flugbegleiterin den Gang entlang auf mich zusteuerte, gefolgt von einem älteren Ehepaar.

- „Entschuldigen Sie, Miss", sagte sie, fast als ob sie sich tatsächlich bei mir entschuldigen wollte:

- „Ich würde gerne diesem Ehepaar Ihre Sitzplätze geben. Würde es Ihnen etwas ausmachen, in Reihe 2 zu sitzen?"

Ich habe gerade noch einmal den Platz gewechselt: REIHE 2!!!

Ein Fensterplatz und noch dazu beide Plätze frei. Du hast echt Humor, Papa! Deine Güte hat kein Ende!!

Nun fliegst du mich also in der 1. Klasse nach Hause!

Ich fühle mich wirklich wie deine kleine Prinzessin.

Ich denke, ich habe es jetzt verstanden: Du hörst nicht auf, mein Vertrauen zu belohnen!

Du hörst nicht auf, mich zu segnen und mir zu beweisen, wie unendlich gut du bist!

Jetzt sind wir bereit für den Abflug! Dieses Flugzeug startet pünktlich!

Oh Gott, mein Herz schlägt so schnell und ich kann gar nicht damit aufhören, über beide Ohren zu grinsen.

Du bist einfach unglaublich wunderbar!

WIE EIN
KIND

WIE EIN KIND!

Vielleicht belächelst du einen derart „naiven", kindlichen Glauben. Hat Gott heute überhaupt noch einen Platz in unserer humanistischen, aufgeklärten und desillusionierten Welt?

Ich glaube fest daran, dass Gottes Maßstäbe zeitlos gültig sind und dass Jesus derselbe ist - gestern, heute und in alle Ewigkeit.

Jesus sagte einmal:

> *Himmel und Erde werden vergehen; doch meine Worte haben für immer Bestand.*

Matthäus 24:35, *Hoffnung für alle*

Jesus war es auch, der sagte: „Wenn ihr nicht umkehrt und werdet wie die Kinder..."

Ja, was dann?

Die Bibelübersetzung „Hoffnung für alle" gibt Jesu Erklärung dazu in Matthäus 8:3-5 folgendermaßen wieder:

> *„Ich versichere euch: Wenn ihr euch nicht ändert und so werdet wie die Kinder, kommt ihr ganz sicher nicht in Gottes himmlisches Reich. (...)*
>
> *Wehe der Welt, denn sie bringt Menschen vom Glauben ab!*

Hütet euch davor, hochmütig auf die herabzusehen, die euch klein und unbedeutend erscheinen."

Im Idealfall kennen Kinder ihren Vater und wissen, dass er sie liebt. Sie vertrauen ihm blind, dass er es gut mit ihnen meint. Sie sind stolz auf das, was ihr Vater kann und verlassen sich auf ihn.

Kinder verlassen sich instinktiv darauf, dass ihr Vater gut für sie sorgt, ihnen ein Dach über dem Kopf und genügend zu essen gibt und dass er sie beschützt.

Kinder können das noch, das mit dem Glauben!

Kinder haben eine Art universales Urvertrauen und fühlen sich in dieser vollkommenen Abhängigkeit von ihren Eltern wohl.

Sie wissen, dass ihr Vertrauen nicht missbraucht wird.

Sie kennen die Stimme ihres Vaters und wissen, dass er nur das Beste für sie im Sinn hat.

Kinder nehmen diese Versorgung ohne zu zögern an, ohne krampfhaft zu versuchen, irgendeine Gegenleistung dafür zu erbringen.

Sie verhalten sich völlig ungeniert und schämen sich auch nicht dafür.

Sie versuchen nicht ständig, sich irgendwie zu verbiegen, nur um anderen Menschen zu gefallen.

Oh wie sehr wir all das als Erwachsene doch verlernt haben! Zumindest ich…

Selbst mich beschenken zu lassen fällt mir oft sehr schwer - geht es dir auch so?!

Kinder nehmen ganz selbstverständlich Geschenke an.

Kinder zögern auch nicht, um Dinge zu bitten oder gar mit Nachdruck um das zu betteln, was sie gerade haben wollen.

Willst du gemeinsam mit mir wagen, wieder zu werden wie ein Kind und Gott zu vertrauen, dass er tatsächlich hält, was er verspricht?

Willst du es gemeinsam mit mir wagen, Gott stets voll Dankbarkeit mit deinen Anliegen in den Ohren zu liegen?

Willst du das gemeinsam mit mir wagen und für dich selbst glauben, dass Gott auch dir Gutes schenken will und wird, wenn du ihm vertraust?

DAS GEHEIMREZEPT

DAS GEHEIMREZEPT

Liebe Leserin, lieber Leser,

ich möchte dich ermutigen, dieses Geheimrezept selbst auszuprobieren und Gott „beim Wort" zu nehmen!

Er sagt auch zu dir:

> *Mach dir keine Sorgen! Du darfst in jeder Lage zu mir beten. Sag mir, was dir fehlt, und danke mir!*

Vgl. Philipper 4:6, *Hoffnung für alle*

Dieses Wort ist so kostbar!

Und es ist bei weitem nicht das einzige Wort, das derart kraftvoll ist. Es gibt in der Bibel noch unzählige weitere Verse zu entdecken, die dein Leben regelrecht auf den Kopf stellen können, wenn du Gott „beim Wort" nimmst.

In 2. Chronik 16:9 steht, dass Gottes Augen buchstäblich auf der Erde herumstreifen um nach den Menschen zu suchen, deren Herzen sich ihm im Glauben völlig zugewandt haben. Diese will Gott stärken und sich stark an ihnen erweisen!

Wortwörtlich steht da in der Bibelversion *Hoffnung für alle*:

> *Unermüdlich behält der Herr die ganze Welt im Blick, um die Menschen zu stärken, die sich von ganzem Herzen auf ihn verlassen.*

Willst du es mit mir wagen, dich wie ein Kind wieder von ganzem Herzen und in jeder Lage auf Gott zu verlassen?

Ich könnte dir noch so manche Geschichte erzählen von Dingen, die ich insbesondere immer dann mit Gott erlebt habe, wenn ich ihn „beim Wort" genommen habe.

Während ich jedoch noch einige Zeit brauche, um all diese Erlebnisse aufzuschreiben, kannst du bereits jetzt viele grandiose Geschichten in der Bibel nachlesen, die von Menschen erzählen, die Gott auf vielleicht sogar noch atemberaubendere Weise erlebt und seine Güte erfahren haben als ich, wenn sie seinen Worten glaubten und ihm vertrauten.

Es gibt da zum Beispiel die eindrückliche Geschichte von einem Mann, der wortwörtlich zu Jesus sagte, „Sag nur ein Wort..." und der anschließend Unglaubliches erlebte!

Diese Geschichte beeindruckt mich dermaßen, dass ich sogar den Titel dieses Buches nach ihr benannt habe.

Wer war dieser Mann?

SAG NUR EIN WORT

SAG NUR EIN WORT...

Dieser Mann war ein Hauptmann des römischen Heeres, der durch sein beispielhaftes Handeln bewies, dass er Jesus wirklich vertraute und ihm sogar scheinbar Menschenunmögliches zutraute.

Er war zuversichtlich in seinem Glauben, dass Jesus ihm helfen können würde.

Dieser römische Befehlshaber ging zu Jesus und brachte ihm sein Anliegen vor.

Er sagte Jesus, was ihm fehlte - ähnlich wie auch ich es getan hatte, als ich am Flughafen in Amsterdam gestrandet war, nur dass das Anliegen dieses Mannes ein wesentlich selbstloseres war als meines. Er sagte nämlich:

> *»Herr, mein Diener liegt gelähmt bei mir zu Hause und leidet entsetzlich.«*

Und was tat Jesus?

> *Jesus antwortete: »Ich will mitkommen und ihn heilen.«*

Jesus reagierte sofort!

Die Notlage und das Leid dieses Mannes waren ihm offensichtlich nicht egal - und das, obwohl er diesem Mann sehr wahrscheinlich noch nie zuvor begegnet war!

Auch dessen Herkunft oder ethnische Zugehörigkeit und dessen sozialer Status schienen überhaupt keine Rolle für Jesus zu spielen.

Jesus war um Hilfe gebeten - „beim Wort" genommen - worden und er sagte seine Hilfe zu, obwohl es sich bei dem leidenden Menschen um den Diener eines Hauptmanns der römischen Besatzungsmacht seines Landes handelte!

Jesus war darüber hinaus sogar bereit, ein gutes Stück Weg auf sich zu nehmen, um mit dem römischen Hauptmann mitzugehen und diesem seine Zeit zu opfern!

Aber was dann geschah ist das eigentlich Unglaubliche:

> *Der Hauptmann erwiderte:*
> *»Herr, ich bin es nicht wert, dich in meinem Haus zu empfangen.*

Sag nur ein einziges Wort,
dann wird mein Diener gesund.«

Wow, was für ein Glaube!

SAG NUR EIN EINZIGES WORT

SAG NUR EIN EINZIGES WORT...

Das Vertrauen dieses römischen Hauptmanns fasziniert mich ungemein!

Dieser Mann hatte es zu einem hohen Status in der Gesellschaft gebracht. Er hatte Karriere gemacht! Dennoch glaubte er, dass Jesus - der doch rein menschlich gesehen im Vergleich zu ihm lediglich der Sohn eines einfachen jüdischen Zimmermanns war, in seiner sozialen Stellung also weit unter ihm stand - seinem Diener helfen konnte.

Welches Wort war diesem Mann wohl zugetragen worden, so dass er einen solch enormen Glauben entwickelt hatte?

Er musste wohl von den unzähligen anderen Wundern und Heilungen erfahren haben, die Jesus zu diesem Zeitpunkt bereits vollbracht hatte und über die du an sehr vielen Stellen in der Bibel nachlesen kannst.

Folgendermaßen „rechtfertigte" dieser Hauptmann vor Jesus seinen außergewöhnlichen Glauben:

> *Auch ich stehe unter höherem Befehl und habe andererseits Soldaten, die mir gehorchen. Wenn ich zu einem sage: ›Geh!‹, dann geht er. Befehle ich einem anderen: ›Komm!‹, dann kommt er. Und wenn ich zu meinem Diener sage: ›Tu dies!‹, dann führt er meinen Auftrag aus.*

Was für ein kühner Glaube an Jesu geistige Autorität und die unglaubliche Wirkungskraft seiner Worte!

Dieser Mann glaubte offensichtlich, dass Jesus der Sohn Gottes war - der Sohn des Gottes, der nur ein Wort sagte und es wurde Licht, der nur ein Wort sagte und es entstanden Himmel und Erde, Land und Meer, Pflanzen und Bäume in ihrer ganzen Vielfalt, Mond und Sonne, Tag und Nacht, Fische und Vögel, Tiere und Pflanzen - und der Mensch nach seinem Ebenbild (vgl. 1. Mose 1:3-30).

Vielleicht hatte er auch einen Bericht davon gehört, wie Jesus mit nur einem Wort einen heftigen Sturm stillte und "sofort hörte der Sturm auf, und es wurde ganz still" (cf. Matthäus 8:26, HFA).

Wie dem auch sei - dieser Mann glaubte und sagte:

- „Sag nur ein einziges Wort, dann wird mein Diener gesund."

Als Jesus das hörte, wunderte er sich sehr. Er sagte zu den Menschen, die ihm gefolgt waren:
» Eins ist sicher: Unter allen Juden in Israel bin ich keinem Menschen mit einem so festen Glauben begegnet. «

Und wie ging die Geschichte zu Ende?

Dann sagte Jesus zu dem Hauptmann:
»Geh wieder nach Hause!
Was du geglaubt hast, soll nun geschehen.«
Zur selben Zeit wurde der Diener gesund.

Matthäus 8:5-13, *Hoffnung für alle*

So möchte ich glauben! Daran will ich mich immer erinnern!

Ich möchte in jeder Situation, in jeder noch so aussichtslosen Lage daran denken zu Jesus zu sagen:

„SAG NUR EIN EINZIGES WORT…"

Du auch?

IN DER STILLE ANGEKOMMEN

IN DER STILLE ANGEKOMMEN

Die Ring-Geschichte war für mich ein entscheidender Meilenstein, in meinem eigenen Lernprozess wieder mehr wie ein Kind zu werden in meinem Glauben und Jesus beim Wort zu nehmen.

Viele weitere größere und kleinere Meilensteine sind seither gefolgt. Ich könnte ganze Bücher füllen mit diesen Geschichten und freue mich doch zugleich jetzt schon auf noch unzählige weitere großartige Erlebnisse mit meinem Gott.

Ich will es wagen, auch in der heutigen Zeit wie ein Kind zu glauben und daran zu denken, dass ich für immer seine Prinzessin, sein Kind bin.

Sicher bedeutet das für uns, dass wir das uns von der Gesellschaft anerzogene Verhalten in großem Maße wieder verlernen müssen, damit wir richtig hören lernen:

Was sagt Jesus heute zu mir?

Ich möchte täglich hinhören und Gott zu meinem Herzen sprechen lassen. Wie oft geht das doch leider im Trubel des Alltags unter!

Wie gerne möchte ich täglich zu ihm sagen:

> *„Jesus, sag nur ein einziges Wort,*
> *und meine Seele wird gesund!"*

Gott lädt uns ein, zu jeder Zeit und in jeder Lage zu ihm zu kommen und eine Weile bei ihm zu sitzen, still zu werden und zu wissen: Er ist Gott!

Gott lädt dich ein, genauso wie mich.
Gott lädt uns ein, zu glauben, dass er der allmächtige Gott und Schöpfer des Universums ist, der lebendige Gott, der sich nicht verändert hat.

Er ist der Gott, von dem es heißt:

> *Denn Gott hat die Menschen so sehr geliebt, dass er seinen einzigen Sohn für sie hergab. Jeder, der an ihn glaubt, wird nicht zugrunde gehen, sondern das ewige Leben haben.*
>
> Johannes 3:16

Gott lädt uns ein, bei ihm ganz Kind zu sein, SEIN Kind zu sein.

Wir dürfen wissen, dass Jesus trotz der teuflischen Schmerzen, die er bei seinem Tod erleiden musste, doch bereitwillig ans Kreuz gegangen ist, weil er die große Freude fest vor Augen hatte, dass er mit seiner Auferstehung den Tod besiegen würde, wodurch wir für immer mit ihm verbunden sein können, weil er uns damit Zugang zu „Gottes himmlischem Reich" ermöglichen würde, wenn wir nur wie ein Kind an ihn glauben.

Gott lädt uns ein, im Hier und Jetzt und für alle Ewigkeit wie ein Kind ein Teil seiner Familie zu sein.

Willst du es heute wagen, zu Gott zu sagen: „Sag nur ein Wort", damit er auch dir seine Güte und Größe beweisen?

Je mehr wir die Geschichten in der Bibel lesen und Gottes geschriebenes Wort auf uns wirken lassen, desto leichter wird es uns fallen, wieder wie ein Kind zu glauben.

Wie viele Dinge erleben wir gar nicht erst, weil wir nicht glauben?

Wie viele Dinge sehen und erleben wir gar nicht erst, weil wir vergessen haben, dankbar zu sein?

Wie viele Dinge erleben wir gar nicht erst, weil wir uns von dem Zeitgeist der Angst vereinnahmen lassen, der in dieser Welt weht und der in den letzten Jahren immer noch stärker zu wehen scheint?
Willst du es wagen, Gott beim Wort zu nehmen und ihm in jeder Lage deine Anliegen und Sorgen zu bringen?

Willst du ihm vertrauensvoll dafür danken, dass er dir schon voraus gegangen ist und eine gute Lösung und einen guten Ausgang für dich bereit hält?

Er hat auch für dich einen guten Sitzplatz auf deiner ganz persönlichen Lebensreise reserviert!

Willst du ihn „beim Wort" nehmen?

Ich habe dir mit diesem Buch meinen Schlüssel geschenkt.

Wirst du ihn zum Einsatz bringen?

HENRY UND DER HERZENSSCHREI

HENRY UND DER HERZENSSCHREI

Ich möchte dir abschließend noch die Geschichte von dem kleinen Henry erzählen, einem etwa 9- oder 10-jährigen Jungen aus meinem Bekanntenkreis, der genau das tat, was der römische Hauptmann damals tat:

Er nahm Gott beim Wort.

Er wagte es, zu glauben.

Henry glaubte, dass Jesus, wenn er tatsächlich vor 2000 Jahren die Menschen von allen möglichen Krankheiten hatte heilen können, das mit dem Heilen doch sicher auch heute nicht verlernt hat...

Der kleine Henry hatte Legasthenie.

Über Monate hinweg übte ich mit ihm manchmal sogar mehrmals in der Woche das Lesen und Schreiben.

Es fiel Henry unendlich schwer, die Buchstaben in der richtigen Reihenfolge hinzubekommen und sie nicht versehentlich falsch herum zu schreiben.

Als Hausaufgabe einen Aufsatz oder eine Geschichte schreiben zu müssen war für Henry eine Höllenqual. Da half dann nur noch ein leckeres Glas Pfirsich-Eistee, um ihn wenigstens ein ganz klein wenig zu motivieren...

Es brach mir fast das Herz, mit ansehen zu müssen, wie Henry trotz allem Üben immer wieder schlechte Noten von der Schule mit nach Hause brachte.

Schon wieder eine 5 minus im Diktat.
Schon wieder eine glatte 6 im Aufsatz...

Doch eines Tages kam Henry dann irgendwie verändert zur Nachhilfe.
Hoffnungsvoller.

Sein Blick war nicht wie sonst niedergeschlagen nach unten gerichtet, sondern er sah mir direkt in die Augen.

Und seine Augen funkelten!

Begeistert erzählte er mir die Geschichte von dem blinden Bettler Bartimäus, von der seine Lehrerin (die mit dem Killerblick!) an diesem Morgen im Religionsunterricht erzählt hatte.

Und der Bartimäus (dessen Namen Henry kaum aussprechen konnte, seine Versuche klangen einfach nur zuckersüß!), ja, der war blind gewesen und Jesus hatte ihn geheilt.

Der Typ konnte nun tatsächlich sehen!

Ja, auch dieser Bettler muss irgendwie von Jesus gehört haben.

Vielleicht nicht unbedingt so, wie du es gerade beim Lesen dieses Buches tust, da er ja nicht sehen und damit auch nicht lesen konnte...

Aber dieser Bartimäus muss irgendwo gehört haben, dass Jesus Wunder tun kann - genauso wie der kleine Henry es an diesem Tag im Religionsunterricht gehört hatte.

Außerdem muss Bartimäus irgendwo mitbekommen haben, dass dieser Jesus gar nicht weit weg war.

Auch diese Wahrheit rufe ich dir mit diesem Buch zu, das du gerade liest:

Jesus ist niemals weiter von uns weg, als nur einen simplen Herzensschrei.

Niemals weiter, als der dahin gehauchte Satz:

- „Jesus, bitte sag nur ein einziges Wort...!"

SELBST EIN BLINDER...

SELBST EIN BLINDER...

Als der blinde Bettler Bartimäus hörte, dass Jesus ganz in der Nähe war, dass es tatsächlich Jesus war, der da - gefolgt von einer großen Menschenmenge - gerade an genau der Straße vorbeikam, an deren Rand er saß, begann er, so laut er konnte zu rufen:

> *„Jesus, du Sohn Davids, hab Erbarmen mit mir!"*
>
> *Die Leute fuhren ihn an, er solle still sein. Aber er schrie nur noch lauter:*

„Du Sohn Davids, hab Erbarmen mit mir!"

Dieser arme Bettler konnte Jesus genauso wenig sehen, wie du und ich es heute können.

Dieser arme Bettler hatte jedoch von Jesus gehört, ganz ähnlich wie du es gerade durch dieses Buch tust.

Er hatte von seinen Wundern gehört.
Er hatte gehört, dass Jesus der Sohn Davids war, der Nachkomme des größten und erstaunlichsten Königs, der je auf der Welt regiert hatte und der ein Mann nach Gottes Herzen gewesen war.

Durch diese Erzählungen war außerordentlicher Glaube in diesem blinden Bettler gewachsen!

Obwohl er Jesus nicht sehen konnte und auch die von ihm vollbrachten Wunder und Heilungen nicht mit seinen eigenen

Augen bezeugt haben konnte, glaubte er, dass dieser Jesus zugleich auch der Sohn Gottes sein musste, der verheißene Messias, dem alle Macht über Krankheit und Tod gegeben war.
Ja, über Krankheit und auch über den Tod.

Jesus hatte nicht nur unzählige Kranke geheilt, er hatte auch einen Toten vom Tod auferweckt.

Einen Toten namens Lazarus.
Einen Toten, der noch dazu bereits drei Tage lang tot gewesen war, der sicherlich schon roch!

Bartimäus hatte nichts zu verlieren, aber alles zu gewinnen.

Das war seine Chance!

Bartimäus schrieb seine Bitte jedoch nicht (wie ich) in ein Tagebuch. Er hauchte auch nicht nur leise Jesu Namen. Seine Bitte war auch nicht nur ein Herzensschrei…

Nein, dieser blinde Bettler begann sogar LAUT nach Jesus zu rufen - so laut, dass die Leute ihn zum Schweigen bringen wollten!

Und was geschah dann?

Jesus blieb stehen und sagte:
- „Ruft ihn her zu mir."

Und so liefen ein paar der umstehenden Leute zu dem Blinden hin und sagten zu ihm:

-„NUR MUT! STEH AUF, JESUS RUFT DICH!"

Und was tat Bartimäus?

> *Da warf er seinen Mantel zur Seite, sprang auf und kam zu Jesus.*
> *- „Was soll ich für dich tun?", fragte ihn Jesus.*
> *- „Rabbi", flehte ihn der Blinde an, ich möchte sehen können!"*

Darauf antwortete Jesus:
- „Geh! Dein Glaube hat dich geheilt."
Im selben Augenblick konnte der Blinde sehen, und er ging mit Jesus.

Markus 10:46-52, *Hoffnung für alle*

NUR MUT!

NUR MUT!

Liebe Leserin, lieber Leser,
ich rufe dir heute zu:

> „NUR MUT! STEH AUF, JESUS RUFT DICH!“

Wirst auch du aufspringen und deine Not, deine Ängste und all deine Sorgen bei Jesus ablegen, genauso wie Bartimäus seinen Mantel zur Seite warf?

Was wirst du antworten, wenn Jesus dich fragt:

> „WAS SOLL ICH FÜR DICH TUN?“

Darf er sich auch dir beweisen, auch wenn du ihn nicht siehst?

UND HENRY?

UND HENRY?

Ja, das ist genau das, was der kleine Henry gemacht hat!

Er kam an diesem Tag zur Nachhilfe und fragte mich, ob ich glaube, dass Jesus das auch heute noch kann, das mit dem Heilen.

An diesem Tag übten wir das Lesen dann ausnahmsweise nicht mit seinem Deutschbuch, sondern mit einer Kinderbibel.

Wir lasen einige dieser grandiosen Geschichten, die von den Heilungen und Wundern erzählen, die Jesus damals vollbrachte und für die ich auch dich begeistern will.

Dann fragte ich Henry, ob er einfach mal Jesus fragen will, ob er auch eine Legasthenie heilen kann?

Für Henry war das gar keine Frage mehr.

Er glaubte.

Also sagten wir einfach nur ein Wort: „DANKE!"

„Danke Jesus, dass auch eine Legasthenie für dich kein Problem ist. Danke, dass du auch Heilung für MICH hast.

Du hast Blinde geheilt und sie konnten sehen.
Du hast Taube geheilt und sie konnten hören.

Du hast Lahme geheilt und sie konnten gehen.

Danke, dass du auch für mich Erbarmen hast und meine Not siehst.

Jesus, ich will gescheit lesen und schreiben können.

Jesus, willst du mich von meiner Legasthenie heilen?
Sag nur ein Wort."

Und Jesus antwortete:

„JA, ICH WILL!"

UND MEIN HERZ SCHWEBT!

UND MEIN HERZ SCHWEBT!

Ich werde den Tag niemals vergessen, an dem der kleine Henry kurze Zeit später vor der Tür stand und strahlte.

Er strahlte, wie ich ihn noch nie zuvor hatte strahlen sehen.

- „Ich habe eine 3 im Diktat!“, jubelte er stolz.

Und mein Herz schwebt!

SAGST DU EIN WORT?

SAGST DU EIN WORT?

Liebe Leserin, lieber Leser,

Willst du glauben, dass Jesus auch deinen Herzensschrei hört, wenn du zu ihm rufst:

- „Jesus, Du Sohn Gottes, hab Erbarmen mit mir!"

Willst du dich heute noch entscheiden, mit deinen Nöten, Ängsten und Sorgen zu ihm zu gehen und ihm dafür danken, dass er das Heilen nicht verlernt hat und dass er auch dich hört?

Du wirst Jesus auch zu dir sagen hören:

„JA, ICH WILL!"

Ich freue mich schon auf deine Geschichte!

Ob du wohl auch einmal ein Buch schreiben wirst?

ÜBER DIE AUTORIN

ÜBER DIE AUTORIN

Joanna Immanuel liebt es zu schreiben und nutzt jede freie Minute, um ihre Tagebücher zu füllen und darin Gespräche mit Gott zu führen - meist in ihrer Lieblingssprache Englisch.

Alles andere als nur „nebenbei" ist Joanna Immanuel auch noch eine leidenschaftliche Lehrerin: Sie unterrichtet seit ca. 13 Jahren tolle Kinder, Teenager und junge Erwachsene in Englisch und Französisch.

Dieser anspruchsvolle Beruf lässt ihr jedoch kaum Zeit zum Schreiben, weshalb sie nun 7 Jahre lang für ein Sabbatjahr gespart hat, um endlich die Zeit zu haben, dieses Buch zu schreiben (und hoffentlich noch mindestens vier weitere).

Joanna Immanuel liebt es, in ihren Schulferien gemeinsam mit ihrem geliebten Mann in andere Länder zu reisen, die Menschen dort kennenzulernen, deren Sprachen zu lernen und deren Kulturen zu entdecken.

Während ihrem Studium lebte sie jeweils fast ein Jahr lang in England und Frankreich und hat neben ihrem Staatsexamen an der Universität Heidelberg auch eine Maîtrise in moderner französischer Literatur an der Université Sorbonne, Paris IV in Frankreich abgeschlossen, nachdem sie zuvor bereits ein Semester an der University of Birmingham in England englische Literatur und Sprachwissenschaft studiert hatte.

Unzählige weitere Auslandaufenthalte führten sie unter anderem viele Male in die USA und nach Kanada, wo sie es liebt, die ihr sehr ans Herz gewachsenen Menschen zu besuchen - aber auch nach Australien, Irland, Schottland, Wales, Belgien, Luxemburg, Frankreich, Italien, Österreich, Ungarn und die Tschechei, sowie nach Kenia, Israel, Dubai, Spanien, auf die Kanaren, nach Kuba, Jamaica und in die Dominikanische Republik.

Sie kann es kaum erwarten, bald auch noch so einige weitere Länder zu entdecken - allen voran hoffentlich Neuseeland und Südafrika.

In ihrer Freizeit ist Joanna aber auch gerne zuhause. Sie liebt es, ihre beiden süßen Kater zu liebkosen und zu gärtnern,...

Gibt es überhaupt etwas Schöneres als selbst-gezogene Tomaten, Gurken, Kürbisse, Kohlrabi und sogar Melonen zu ernten, die man eigenhändig gesät, täglich liebevoll gegossen und denen man regelrecht beim Wachsen zugesehen hat?

Ob sie wohl auch der Saat dieses Büchleins ein wenig beim Wachsen zusehen darf?

NACHWORT

NACHWORT

Liebe Leserin, lieber Leser,

Wie hat dir dieses Buch gefallen?

Ich würde mich riesig freuen, wenn du nach dem Lesen dieses Buches eine kurze Rezension auf Amazon hinterlassen könntest.

Vielen Dank im voraus!

Sind dir Fehler in diesem Buch aufgefallen oder hast du sonstige Verbesserungs-Vorschläge für mich? Bitte schicke mir eine kurze Nachricht, so dass die nächsten Leser ein noch besseres Leseerlebnis haben können. Vielen Dank!

Email: *my@rewritten.life*

Willst du auch meine kommenden Bücher lesen? Dann trage dich unter folgendem Link ein. Hier wartet auch ein kleines Geschenk auf Dich:
www.subscribepage.com/sag-nur-ein-wort

Gerne darfst du deinen Freunden von diesem Buch erzählen und ihnen ebenfalls dessen Botschaft zurufen.

Alles Liebe wünscht dir,

Joanna Immanuel

ANHANG

ICH VERWENDE DEN SCHLÜSSEL…

Folgende Sorgen, Ängste und Nöte will ich heute bewusst bei Dir, Jesus, ablegen, so wie der blinde Bartimäus seinen Mantel von sich warf:

DANKE!

Ich bin so dankbar dafür, dass....

WEITERE SCHLÜSSEL-WORTE

Folgende Schlüssel-Worte habe ich in der Bibel entdeckt, als ich Gott beim Lesen bat, mir „nur ein Wort" zu sagen:

HEILUNGEN UND WUNDER

Folgende faszinierende Geschichten über Heilungen und Wunder habe ich in der Bibel entdeckt oder irgendwo gehört:

„WAS SOLL ICH FÜR DICH TUN?"

Welche Antwort gibst du Jesus?

DAS WORT

Erinnerst du dich noch an das Wort, das mein Leben so sehr geprägt hat?

Mach dir ...

Du darfst ...

Sag ...

und ...

Vgl. Philipper 4:6, *Hoffnung für alle*

PERSÖNLICHE NOTIZEN

GESCHENK FÜR DICH

GESCHENK FÜR DICH

Möchtest du gerne ein ganz persönliches Wort erhalten? Gerne schenke ich dir eines!

Erhalte dein Wort direkt in deine Mailbox:

https://www.subscribepage.com/sag nur ein-wort

Alles Liebe,

Joanna Immanuel

P.S. Auf dieser Webseite findest du übrigens außerdem einen Link zur kostenlosen Hörversion des ersten Kapitels von *Sag nur ein Wort*.

WEITERE RESSOURCEN

(AUF ENGLISCH)

WEITERE RESSOURCEN (AUF ENGLISCH):

1. www.rewritten.life:

   Tust du dir schwer damit, deine Sorgen loszulassen und sehnst du dich danach, den nächsten Schritt nicht alleine gehen zu müssen?

   Auf www.rewritten.life findest du jede Menge Ermutigung (Liebesbriefe in englischer Sprache direkt aus dem Herzen Gottes) und kannst persönliche Begleitung für die Begegnung mit Gott in Anspruch nehmen.

2. Write with Gott for 15 minutes daily

Werde Teil unserer englischsprachigen Gruppe „Write with God for 15 minutes daily" (= Schreibe täglich 15 Minuten mit Gott) und erlebe jeden Tag eine persönliche Begegnung mit Gott.

www.facebook.com/groups/608183873l886524

Wir treffen uns täglich um 16:30 Uhr online (den Zoom-Link findest du in der Gruppe). Schnapp dein Laptop oder deinen Füller und setze dich einfach zu uns dazu.

Wir bitten Gott, uns neu zu begegnen („Sag nur ein Wort…") und schreiben dann gemeinsam (jeder für sich). Die ruhige Instrumental-Musik wird deiner Seele zusätzlich gut tun und du wirst erleben, wie deine Kreativität wie von selbst zu fließen beginnt.

Wenn dann nach ca. 30-40 Minuten der Zoom abbricht, bist du wie im Fluss: Vielleicht wirst du sogar noch eine Stunde lang weiter schreiben - oder auch zwei oder drei?

3. Write your book with God

Du weißt, dass auch du zum Schreiben geboren bist und sehnst dich danach, einmal dein eigenes Buch in den Händen zu halten, schaffst es aber einfach nicht alleine?

Brauchst du Hilfe und Inspiration, um dein eigenes Buch zu vollenden? Unsere Challenges und unser Online-Kurs helfen dir mit einer täglichen Dosis kräftiger Ermutigung und geben dir Hilfestellung, so dass du deinem Ziel jeden Tag einen Schritt näher kommst und dein Buch schon bald das Licht der Welt erblicken kann!

Mehr Infos findest du unter:
www.writeyourbookwithGod.com

ISBN: 9798848403374
Imprint: Independently published

Printed in Poland
by Amazon Fulfillment
Poland Sp. z o.o., Wrocław

11015998R00143